LYRIKEDITION 2000

begründet von Heinz Ludwig Arnold †

herausgegeben von Florian Voß

Wolfgang Bittner lebt als Schriftsteller in Göttingen. Der promovierte Jurist schreibt für Erwachsene, Jugendliche und Kinder, erhielt mehrere Preise und Auszeichnungen und ist Mitglied im PEN. Er ist freier Mitarbeiter bei Zeitungen, Zeitschriften, Hörfunk und Fernsehen und veröffentlichte mehr als 60 Bücher, u.a. die Romane *Der Aufsteiger oder Ein Versuch zu leben*, *Niemandsland* und *Hellers allmähliche Heimkehr*, den Erzählband *Das andere Leben*, den Gedichtband *Der schmale Grat* sowie das Sachbuch *Beruf: Schriftsteller – Was man wissen muss, wenn man vom Schreiben leben will.*

Weitere Informationen unter www.wolfgangbittner.de

Wolfgang Bittner

Südlich von mir

Gedichte

LYRIK
EDITION
2000

Weitere Informationen über den Verlag und sein Programm unter:
www.allitera.de

Weitere Informationen über die Lyrikedition 2000 unter:
www.lyrikedition-2000.de

Mit Dank an die freundlichen Mitarbeiterinnen und Mitarbeiter des International Writers and Translators Center und in herzlicher Verbundenheit mit Dr. Nikos Skourtos auf Rhodos, wo im Sommer 2014 ein großer Teil der in diesem Band enthaltenen Gedichte entstanden ist.

Wolfgang Bittner

September 2014
Allitera Verlag
Ein Verlag der Buch&media GmbH, München

Printed in Germany · ISBN 978-3-86906-686-8

Was aber die Liebe gibt
und der Geist,
das lässt sich nicht erzwingen.

Friedrich Hölderlin

I

Südlich

Zikaden

Die Zikaden singen die ganze Nacht,
du liegst wach
und die Gedanken kommen und gehen.
Die Zikaden singen vor deinem Fenster,
du liegst wach
und die Gedanken kommen und gehen.
Sie singen vor deinem Fenster,
wehre dich nicht,
sie singen in den Pinien der Nacht,
wehre dich nicht.
Empfinde die Schönheit ihres Gesangs,
wehre dich nicht,
du schläfst einen traumlosen Traum.

Südlich von mir

Von den Bergen herab
steigt morgens die Sonne,
durchdringt den Wald und
überstrahlt das Meer.
Dieses Licht in den Pinien!
In den Feigenbäumen, den Palmen,
Weingärten und Orangenhainen.
Allmählich weicht Traurigkeit.
Manchmal staune ich
den Himmel an, der
an solchen Tagen
so unsagbar kühl und blau
einen Augenblick lang verweilt.

Pharos

Ein Morgengruß:
Im leuchtenden Grün
an der Bruchsteinmauer
die zarte Blüte
des Kapernstrauches,
rein wie frisch gefallener Schnee.
Vor uns die Parzellen
der altgriechischen Landschaft,
Weinreben, Olivenbäume,
ein steinernes Landhaus:
Villa rustica Kupinovic.
Am Berg über dem Hafen
die Ruine der uralten Burg,
ein paar Steine nur noch.
Du sagst: Bis hierher
sollen die Drachenboote
der Wikinger gekommen sein,
weit übers südliche Meer,
auch Römer, Venezianer, Türken.
Kürzlich noch gab's Krieg,
aber keiner weiß mehr, warum.

Schemenhaft

Am Horizont die Schiffe
ziehen vorbei wie Schemen,
Segler, Frachter, Fähren
und die Kreuzfahrer,
groß wie ein Stadtviertel.

Im Vordergrund die Palmen,
Tamarisken und Oleander,
schon reifen die Orangen.
Kein Fernweh heute,
es geht mir gut.

Sokrates

Der Baum warf mir
eine Dattel auf den Kopf,
lauthals hast du gelacht,
in dem Gartencafé an einer Straße
nach Sokrates benannt.
Hatten sie ihn nicht wegen Gotteslästerung
(aber eigentlich wegen politischer Aufsässigkeit)
zum Tode verurteilt?
»Schierlingsbecher«, sagst du, »vergessen
im Auf und Ab der Geschichte«.
»Einer der Größten«, sage ich.
»Heute werden die Aufsässigen verschwiegen«,
sagst du.

Südlich das Meer

Der Wind schweigt,
glatt das Meer, so sanft,
mit einem fernen weißen Segel,
und vor dem Fenster
die himmelwärts strebende Palme
breitet anmutig ihre Fächer.
Tagelang zauste sie der Nordwest,
aber heute lacht sie,
das sehe ich deutlich,
sie freut sich und
spendet mir kostbaren Schatten.

*Hermäon**

So viele köstliche Früchte
trägt der Feigenbaum am Hang,
die süßesten ganz oben,
nur erreichbar von den Vögeln.

Wir genießen die erreichbaren,
haben nicht gesät und ernten doch,
erfreuen uns am Duft
des wilden Thymians und
an den Blüten des Hibiskus.

* *Hermäon, Geschenk des Hermes*

Lob der Kaper

Von Luft und Sonne
genährt, so wunderschön
erblüht im Grüngesträuch
hoch oben im Mörtel
der Kalksteinmauer.
Beglücken uns pikant
ihre Knospen,
eingelegt in Salz und Essig.
Doch keiner kennt
ihr Geheimnis
seit unvordenklicher Zeit.

Kafenio

Cappuccino trinken,
mit dir philosophieren,
Gedichte lesen.
In dem kleinen Café
am Boulevard.

Während die Motorräder röhren
und neben uns
ein Sportwagen
mit quietschenden Reifen startet,
wohin auch immer.

Meer

Und abends das dunkle Meer
und die erleuchtete Stadt.
Helle Punkte am Horizont
sind die fernen Schiffe,
die zurückkehren in den heimatlichen Hafen
oder hinausfahren zu den Ländern,
wo Menschen leben wie wir.

Weißt du, dass ich mal
zur See gefahren bin?
Es war in einem anderen Leben
in einem anderen Land –
kann mich nur noch erinnern,
dass ich einmal sehr glücklich war
und dann nicht mehr.

Wie gut, dass wir vergessen,
immer wieder neu beginnen.
Schau ich aufs dunkle Meer,
auf die erleuchtete Stadt,
ist mir als träume ich,
als kehrte ich heim zu dir,
eben noch ein heller Punkt am Horizont.

Wesenheiten

Zikadengesang die ganze Nacht
und das Meer rauscht
in die unruhigen Träume,
begleitet den Schlaf.

Wer mag in diesem Raum
schon genächtigt haben,
in diesem Bett.
Jemand hat zu mir gesprochen.

Des Morgens
verstummt das Gesäusel,
Licht durchflutet
die dunklen Ecken
und einen Moment
schweigt der Wind.

Was ich vernommen habe,
ist geheim.

Marillen

Das schwebte mir immer vor:
Hinten die Berge, Pinienwälder,
vorn das Meer, in der Sonne
glitzernd, sehr weit, unendlich.
Wir fahren auf schmalen Straßen
durch Weingärten und Olivenhaine.
An den Berghängen
die hellen Häuser aus Bruchstein,
und in so einem
mit grünen Fensterläden und
einem Marillenbaum vor der Tür
wartest du schon lange auf mich.

II
Dortzulande

Invasion

Wenn die Reisebusse kommen
und die großen Schiffe.
Spucken Abenteurer aus, bewaffnet
mit Kameras und Smartphones.

Sitze ich vor der Tür
im Schatten auf meiner Bank,
fragt mich jemand:
Kann man hier Kaffee trinken?
Verkaufen Sie Ansichtskarten?
Wo bitte sind die Toiletten?

Bin ich ein Gastwirt oder
sehe ich aus wie ein Händler?
Und warum darf ich nicht
in Ruhe bei mir bleiben?

Hully Gully

Frühmorgens schon
emsige Geschäftigkeit
in den Hotels und Pensionen;
auf Liegestühlen und Badestellen
werden Handtücher ausgelegt,
die begehrten Plätze reserviert.
Wer zu spät kommt,
den bestraft der Tourismus.
Am Kai liegen die noblen
Segel- und Motorjachten,
Mädels flanieren auf der Promenade
und nichts bleibt verborgen.
Abends schieben sich Kreuzfahrer
durch die engen Gassen
des Weltkulturerbes,
schnell noch ein paar Fotos
im letzten Licht des Tages,
Hully Gully ist angesagt.
Dabei erobern gerade
die Ameisen die Welt.

Helios

Wir kamen im hohen Sommer,
es hieß: Vierzig Grad im Schatten.
So folgten wir schwitzend
den Touristenpfaden zu den
Palästen, Museen, Tempelruinen,
aßen das obligate Gyros,
tranken den roten Wein.

Wir schrieben die Ansichtskarten,
kauften weder Schmuck aus China
noch Lederwaren aus Afrika,
genossen die Kühle der Nacht.

Dann packten wir früh
unsere Rucksäcke und
nahmen den Weg ins Gebirge,
wo uns ein Bauer
die Richtung wies.

Rosenkranz

Die schwarzgekleidete alte Frau,
rüstig noch, sie hängt Wäsche auf,
sie schimpft auf die Touristen.
Kommen über den Hof,
gucken in die Fenster,
werfen Papier vor die Tür,
im Vorbeigehen pflücken sie eine Feige.

Sie führt Selbstgespräche,
trauert immer noch,
ihr Mann vor vielen Jahren verunglückt
und der Sohn in Amerika.
Würde ihn gern besuchen,
aber die Knie und die Hüften …

Seither wartet sie,
stellt abends manchmal
eine Kerze ins Fenster
und betet lange den Rosenkranz.

Insel der Sonne

Zentral der mächtige Palast
des Großmeisters der Johanniter:
Kreuzritter der Scheinheiligkeit,
dunkle Gestalten, gegürtet, gerahmt.

Mauerwerk himmelhoch,
Säle und Gemächer, Diener,
Konkubinen, versklavte »Heiden«.

Und später annektiert
von diesem und jenem,
Süleyman dem Prächtigen, Mussolini …
Auf der Insel der Sonne
und des ewigen Windes.

Draußen auf weißen Hotelschiffen
die neuen Kreuzfahrer mit Kameras
und Kreditkarten, stundenweise
kommen sie an Land,
staunend fotografieren sie
die Relikte der Herrlichkeit
und des Grauens.

Krähen in der Luft.
Vom Berg herab grüßt uns Apollon
aus den Ruinen seines Tempels;
auch er genoss die Opfer
der Bauern und Fischer,
der Händler, Seefahrer und Räuber.

Rhodos

Die Altstadt eingemauert
von der Geschichte,
wir flanieren uns müde zwischen
Souvenirläden und teuren Restaurants
in den Gassen der Vergangenheit.
Uhrenturm, türkisches Bad, Windmühlenmole.
Alles restauriert, sogar die Festungsmauern.
Kirchen, Kirchen, Kirchen,
Moschee, Synagoge, Ritterstraße,
Herberge der Provenzalen
und die »kauernde Aphrodite«.
Über dem Großmeisterpalast
weht die Fahne der Gegenwart.

Von hier fuhren die Segler und Galeeren hinaus
nach Knidos, Kos, Halikarnassos.
Handel getrieben und Kriege geführt,
angegriffen und sich verteidigt,
Festungen errichtet für die Ewigkeit,
geschleift in wenigen Tagen –
und immer wieder aufgebaut.
Kamen Phönizier, Dorer, Römer,
die Türken und die Italiener.

Das Ruinenfeld von Knidos,
der einstigen Metropole,
und die Polis Halikarnassos,
die wir jetzt Bodrum nennen,
sind heute türkisch,
doch Praxiteles, Herodot und Heraklit
bleiben griechisch.

Mit dem Wind kommen die Schwalben
über das mittlere Meer,
sie zwitschern griechisch, türkisch, italienisch,
in vielen Sprachen zwitschern sie,
manche sogar chinesisch.
Einträchtig bewohnen sie die Ruinenstätten,
füttern ihre Jungen, bis sie flügge sind
und hinausfliegen in all die Länder,
in diese schöne schreckliche Welt.

Rattenrennen

Wir waren schon weiter!
Jetzt ist Zivilisation angesagt
in der Entfremdungsmaschinerie,
Kram und Unsinn, Haben und Schein.

Das Auto als Statussymbol,
und wer es nicht hat,
wenigstens ein Kleinkraftrad,
ein Moped, einen Motorroller;
geduckt sitzen sie drauf,
immer fahren sie ein Rennen,
gleichberechtigt: Gas geben!
In Afrika, Südamerika,
Bulgarien oder Griechenland.
Rattenrennen für die Bedürftigen.

Im Café, im Restaurant,
sitzen sie vor ihren Smartphones,
selbstverloren tippen oder telefonieren sie
als winke ihnen irgendwo im Nirgendwo
das Paradies,
die Erfüllung allen Begehrens.
Kein Blick für ihr Gegenüber,
kein vertrautes Wort.

Und abends dann Hollywoods
Brainwashing. Bis
die Wunscherzeugungsindustrie schnell
noch einen kleinen Wunsch erfüllt,
selbstverständlich politically correct.

Unterirdisch

Die Jungs und Mädels –
den Blick auf ihre Smartphones
gerichtet, trotten sie
durch die Gegend.
Eine wunderschöne Landschaft:
Das Meer, die Berge,
Olivenhaine, ein Fischerdorf.
Sie senden eine SMS
nach der anderen, sie mailen
mit ihrer Freundin.
Als gelte es, das Ende
des Tunnels zu erreichen.

Dortzulande

Die Oliven sind reif,
Wein, Feigen und Aprikosen,
die Fischer fahren hinaus
und die Ausflugsboote
auf dieses sehnsuchtsblaue Meer.
Viel weiter bin ich schon gefahren,
genieße jetzt den Tag
auf der Bank im Garten.
Der Kapernstrauch wurzelt
im Mauerwerk,
beglückt uns mit seinen Früchten
und den feenzarten Blüten;
doch er sprengt allmählich den Stein,
»wird wohl entfernt werden müssen«,
sagst du leichthin.
So ist das hierzulande.
In den Pinien singen die Zikaden
den ganzen Tag lang,
die ganze Nacht.

III
Gesang im Sommer

Sommerfarben

Schau nur,
das grüne Grün!
Das grüne Grün des Grases,
der Bäume und Sträucher,
dieses leuchtende Grün!
Dahinter das Rot,
das rote Rot der Ziegeldächer!
Und das gelbe Gelb der Kornfelder!
Darüber dieses blaue Blau,
das blaue Blau des Himmels!
Schau nur, schau nur!
Himmlisch,
dieses sagenhafte Blau.

Sonntagmorgen

Auf der Dachterrasse
der Frühstückstisch
liebevoll gedeckt und
dein Gedicht für mich.
Ein Windstoß
wehte es vom Tisch
in die Regenrinne des Nachbarn.
Mit der Würstchenzange
in der Hand balancierte ich
auf dem Dachfirst hinüber,
den Schatz zu bergen.

Nach dem Frühstück

Was machen wir heute?
Zum Schwimmen gehen,
in der Sonne liegen,
im Schatten sitzen,
am Strand entlang laufen,
am Kiosk Zeitung lesen,
Cappuccino trinken,
auf dem Markt einkaufen,
nach Hause gehen,
Essen kochen und schwelgen,
Siesta halten,
ein Gedicht schreiben,
Tee trinken und Kuchen essen,
ein Buch lesen,
mit dir philosophieren,
uns küssen und
dann das Abendbrot
und das Abendrot.

Gesang im Sommer

Es war Sommer.
Sie ging durch die blühenden Felder,
sang mit den Vögeln.
Sie sang Weihnachtslieder,
den Vögeln zu Gefallen,
den Bienen, den Käfern.
Lange noch folgte ihr
eine hellblaue Libelle,
ein Reh hob neugierig den Kopf
und ein Fasan gab Antwort.
Es war ein schöner Tag
im Sommer, es war gestern.

Einwand

Ich weine über den Zustand der Welt.
Ich weine über die Beschaffenheit
des Menschen.
Der Untergang wird kommen.
Der Menschheit ist nicht zu helfen.
Ich weine,
»es gibt keine Hoffnung«, sage ich.
Aber du lachst nur
und schlägst einen Purzelbaum.

Fliegen üben

Sieh nur!
Hinter den Gärten
die Kinder auf
ihren Fahrrädern;
sie sausen,
sie jubeln,
sie zwitschern
wie die jungen
Schwalben und
versprechen einen
sonnigen Tag.

Ahornbaum

Drei rosa Wolken
zieh'n am abendlauen
Himmel überm Ahornbaum,
und in der Ferne
dämmern blau die Berge,
weit weg, so weit –
wir schauen
in diese kalte Welt hinein
aus unserm Kindertraum.
Wir sind die späten Märchenzwerge,
wir spucken einen Zwetschenstein
von unserem Balkon
herab auf alles –
und auf unsre Illusion.

Heidebild

Der Himmel schweigt,
und über der Heide
flimmert violett die Luft;
ganz oben, unter
weißem Zirrus
zwei Bussarde
in weiten Kreisen.

Abends tanzen
die Mücken am Weg,
Holunder und Wacholder
warten schon
auf den Schlaf.
Und wir beginnen
uns zu erinnern.

Heimelig

Gegenüber im Geäst
das erleuchtete Fenster.
Kein Fernsehlicht.
Als Scherenschnitt an der Wand
liest jemand ein Buch.

Wohin sie fahren

Über den großen Fluss
führen die Straßen
auf luftigen Brücken
an andere Ufer.
Straßenbahnen geben Laut
mit fremdartigen Stimmen.
In der Dämmerung
leuchten ihre Perlen,
verheißungsvoll,
sie klingeln nach uns.
Aber wir wissen doch schon,
wohin sie fahren.

Nachgetragen

Der damals angekündigte
Brief aus Neuseeland
hatte sich verirrt,
ein halbes Jahr wanderte er
in der Welt umher:
Australien, Japan, Thailand,
bis er Europa erreichte
und endlich mich.
Da warst du
seit Monaten zurück
und hattest mir schon
den Inhalt erzählt,
aber lange nicht so schön.

Die Mädchen tanzen

Dieses erstaunliche unbegreifliche Leben
will gelebt werden;
trotz allem das Prinzip:
Lieber sein als nicht sein.
»Das Nichts hungert nach dem Etwas«,
sagte der Schuster und Philosoph Jakob Böhme,
klingt gut und plausibel.
Denn dieser Hunger
lässt Blumen blühen und
die Mädchen tanzen
und er vermag Berge zu versetzen.

IV

Nebelmond

Janus

Das Leben ist schön.
Manchmal ist das Leben schön
und wir sind zufrieden,
womöglich glücklich.

Mit Leichtigkeit meistern wir's,
wir schwelgen,
frohe Gedanken fliegen uns zu,
freundliche Worte und Küsse.

Aber meistens ist es ganz normal,
das heißt belanglos,
anstrengend, schwierig,
nicht der Rede wert.

Und manchmal ist es ein Kampf,
dann zeigt das Leben seine Fratze,
vor der wir erschrecken, denn so
hatten wir es uns nicht gedacht.

Unbehaust

In dieser Nacht träumte ich,
mein Haus sei von Fremden besetzt.
Sie waren einfach hereingekommen,
machten es sich bequem,
stellten die Möbel um,
kochten sich in der Küche ein Süppchen.

Als sie den Fußboden herausrissen,
die Teppiche und meinen Schreibtisch verkauften,
gebot ich ihnen Einhalt.
Doch sie ignorierten mich.

Traurig wachte ich auf,
lief rasch durch sämtliche Räume,
vergewisserte mich,
dass alles beim Alten war.

Vorfrühling

Elf Kraniche zogen vorhin
sehr hoch am Himmel
nach Norden. Und ich
im Garten, es wird Frühling.

Altes Laub zusammenharken,
beschneide den Hibiskus,
die Koniferen, die Rosenstöcke,
mähe den Rasen.

Blühen die blauen Hyazinthen,
schon sonnengelbe Narzissen,
die Primeln und die Forsythien,
bald blüht die Kirsche.

Zeit, das Nest zu säubern.
Steigt jetzt das Licht
von Tag zu Tag,
die Hoffnung.

Solange es geht

Es geht, solange es geht.
Das zu wissen, ist ein Trost,
ist kein Trost.
Aber die Schwalben zwitschern,
hoch oben spielen ihre Jungen
im leuchtenden Himmel;
sie freuen sich,
ich merke es deutlich,
gerade erst haben sie
das Fliegen entdeckt.
Und der Kreuzschnäbler,
der seit Tagen ununterbrochen
eine Gefährtin herbeirief,
hat endlich Erfolg.
Ja, es geht weiter, immer
weiter, solange es geht.

Gute Taten

Trüber Tag,
die Post bringt Unerfreuliches:
Eine Rechnung, eine Absage,
eine Drohung.
Wir saugen Staub,
wir räumen auf,
wir putzen die Fenster,
wir gehen einkaufen.
Kein Tag ohne eine gute Tat.

Relativ

Machen wir es uns doch leicht,
sagen wir einfach: Alles ist relativ.
Und schon sind die Verhältnisse
je nach Standpunkt verschieden,
aber den Umständen nach gerechtfertigt.
Ich bin relativ, du bist relativ, er ist relativ,
auf den Standpunkt kommt es an.
Bekanntlich haben auch Fabrikanten
unter Minderwertigkeitskomplexen zu leiden.
Die Sorgen eines Universitätsprofessors
und eines Fließbandarbeiters
sind natürlich relativ.
Sogar Unmenschlichkeit kann relativ sein.
Ein Neckermannurlaub auf Mallorca,
eine Großwildsafari in Afrika,
Geld oder kein Geld,
Eigentum, Arbeit, Gesundheit,
alles ganz einfach relativ.

Aus dem Koffer

Am Himmel die Dächer ziehen vorbei,
blinkende Lichter aus leeren Fensterhöhlen,
Autos schnarren, mit offenen Augen
die ganze traumlose Nacht.

Ach, allmählich hellt es auf,
ach, heut find ich nicht zu mir,
ach, zu dir schon gar nicht,
fremd drängt das Wasser vom Himmel.

Dann Trost mit Blaubeermarmelade
und findet der Fleck das Hemd, verdammt.
Gräulich der Tag, wabernde Launen
und es regnet und regnet nur für mich.

Zweitausendvierzehn

Es steht in der Zeitung,
das Fernsehen berichtet,
Tag für Tag Wahnsinn:
So viel Hass,
so viel Gewalt,
Intoleranz, Fanatismus.

Verwüstete Wohnungen bedeutet das,
Bücher aus dem Regal geworfen,
Matratzen aufgeschlitzt,
Bespitzelungen, Bedrohungen,
Folter und Mord,
die vielen Kriege.

Wer sind die Täter?
Wie leben sie?
Wissen sie, was sie tun?
Was antworten sie,
wenn sie gefragt werden?
Wir fragen sie!

Gewissheit

Verfliegt ein Tag
nach dem anderen,
im Wandel
älter von heut auf morgen.

Es wachsen
Blumen und Bäume,
nach wie vor singen die Vögel
morgens beim Aufwachen,
und begegne ich plötzlich
der Endlichkeit.

Das ist gewiss:
Ein Ende naht.

Dass es dämmert, wissen wir,
dass die Zeit
uns einholen wird,
das Licht ist dunkler geworden.
Doch warten wir,
mal müde, mal mutig,
leben mal traurig, mal begeistert.

Du und ich,
und leben und lieben,
und die Hoffnung heißt
jetzt, jetzt, jetzt.

Im Garten

Stundenlang den Fischen
im Kanal zusehen
oder dem Rotkehlchen
nebenan im Oleanderstrauch.
Neuerdings sitze ich
gern ganz still im Garten
auf der Bank.
Wohl dem, der eine Bank
und einen Garten findet,
in dem er still sitzen kann.

Anders

Heute bist du nicht du,
sondern jemand ganz anders,
ein merkwürdiges Ich,
jedenfalls kein Du,
ein Kind, ein Mandelbaum,
ein Wacholderstrauch vielleicht
auf violetter Heide oder
eine kleine weiße Wolke,
die vom Horizont heraufzieht
und allmählich Kontur annimmt,
wie sonst schon manchmal,
aber das wird noch
ein Weilchen dauern.

Lethargisch

Diese unendliche Müdigkeit,
diese Schwere in den Gliedern,
diese Lethargie überwinden.
An den See fahren,
ins Wasser springen,
eine Runde schwimmen,
die Last einfach abschütteln.
Obst und Gemüse einkaufen,
Spaghetti mit Tomaten, Olivenöl
und Thunfisch kochen/essen,
im Garten sitzen und
Nâzım Hikmets »Romantiker« lesen,
Rotwein trinken und
ein Gedicht schreiben
über die unendliche Müdigkeit.

Nebelmond

In der Fußgängerzone
keine Fußgänger,
der Himmel kalt,
die Zweige kahl,
ein Bettler.

Der halbe Mond,
ein Licht
am Ende der Straße,
und jemand sagt: »Du
wärmst mir das Herz.«

Herbstlich

Die Blätter fallen schon seit Tagen,
es dämmert, es stürmt, es nieselt,
und wieder Herbst und
kurze Tage, lange Nächte.

Im Garten blüht noch eine Rose,
nur eine noch am Strauch.
So lange sorgsam gepflegt,
dass er es mir jetzt dankt.

Aufbruch

Nachts träumte ich,
man habe mich verhaftet,
Polizisten mit geschwärzten Gesichtern
umringten mein Bett,
im Traum fand ich's absurd.

Der Offizier fragte: »Sind Sie
Revoluzzer, Anarchist, Terrorist?
Wo sind Sie gestern gewesen?«
Ich gab ihm alle Fragen zurück,
das ärgerte ihn.

»Geben Sie es zu!«, rief er,
»wir wissen Bescheid!
Sonst können wir auch anders!«
»Das Volk sind wir«, erwiderte ich.
Das machte ihm Angst.

Als alle in die Kantine des Ministeriums
zum Essen gingen,
sprang ich schnell aus dem Fenster
in einen schönen Park
und wachte kurz danach auf.

Ich ging ins Badezimmer.
Nichts passiert, sagte ich mir
beim Zähneputzen, zog mich an,
frühstückte noch gemütlich,
öffnete die Tür und ging zur Arbeit.

V

Nie wieder

Schierling

Sokrates wollte leben,
für seine Verdienste
einen Freitisch im Prytaneion.
Viele entlarvt,
niemandem Unrecht getan,
überführte er seine Ankläger
der Lüge. Was nützte es schon?
Sokrates, der Pfahl im Fleische,
der kluge Kritiker,
eitel verarmt und so stolz,
er wollte leben,
doch nicht um jeden Preis.

Waldweg

Das filigrane Blattwerk der Esche,
Ahorn, Buchen und Kiefern,
sie wachsen hoch in den Himmel,
an dem Kampfflugzeuge
ihre schnurgeraden Bahnen ziehen.
Hohe Bläue heute,
und statt Wolken
gefiederte Kondensstreifen.

Piloten dort oben, Techniker, Militär.
Es macht ihnen Spaß, manchmal
schießen sie einen Purzelbaum,
sie üben noch, aber vielleicht
sind sie bald schon Helden.
Wir senken den Blick
auf den schlammigen Weg
und überspringen die Pfützen.

Flüchtlinge

Krähenschwärme kommen von Osten,
wo Krieg herrscht.
Wie eine schwarze Wolke,
aber laut schreiend,
ziehen sie abends über die Stadt,
verdunkeln die letzte Helligkeit,
nächtigen in den Bäumen der Parks.

Niemand fragt: Warum?
Krieg heißt es,
irgendwo Krieg dort.
Mehr nicht. Als wäre
der Krieg vom Himmel gefallen.

Früher schon

Morgens aufgeschreckt.
Die ganze Nacht über
wurde geschossen,
Maschinengewehrfeuer,
Artillerie, Gewehrschüsse,
und Menschen schrien
in höchster Not.
Früher schon, das war
Neunzehnhundertfünfundvierzig.
Später hin und wieder und wieder
in meinen Träumen.
Und manchmal,
nur so zum Spaß, wenn ich
das Fernsehen einschalte.

Nie wieder

Wer für den Krieg ist
als Fortsetzung der Politik
mit anderen Mitteln,
und sei es als »letztes Mittel«,
sollte dorthin gehen,
wo nach dem Lügenbeginn
die Schüsse fallen,
die Bomben, Granaten
einschlagen, Menschen schreien,
wo keine Heimat mehr ist,
nie wieder.
Wer für den Krieg ist,
sollte dorthin gehen,
wo immer noch Krieg ist
als »letztes Mittel«.

Szenenwechsel

An die Politiker und Journalisten,
die den Krieg herbeilügen

Meine Damen und Herren!
Können Sie sich vorstellen,
dass Krieg ist
und Sie mittendrin?

Soldaten mit geschwärzten Gesichtern
durchbrechen die Tür,
sie durchwühlen das ganze Haus,
nehmen was ihnen gefällt,
erschlagen den Großvater
mit den Kolben ihrer Gewehre,
vergewaltigen Ihre Mutter und Ihre Schwester.

Und Sie schauen zu,
eigentlich schon nicht mehr am Leben,
und fast so tot wie gerade jetzt.

Kriegsbericht

Die Kinder mit den
großen traurigen Augen,
den Krieg gewohnt und
am Entsetzlichen geschult,
vor den zerbombten Häusern.

Im Felde

Man nannte es »im Felde«,
manche nennen es immer noch:
»Im Felde«.
Das Feld der Ehre,
das Feld der Bewährung,
das Feld des Kampfes.

Jeder Schuss ein Russ,
jeder Stoß ein Franzos,
Hurra, hurra, hurra!
Natürlich Mann gegen Mann,
die Fahne hoch,
ehrenvoll, ruhmreich, glorreich.

Dann hieß es:
»Ich hatt' einen Kameraden«,
den Heldentod gestorben,
»einen bessren findst du nicht«,
gefallen für Kaiser oder Führer,
für Gott und Vaterland.

Aber in Wirklichkeit,
in Wahrheit im Dreck verreckt,
krepiert für nichts und wieder nichts.
Oder sie kamen zurück als Fremde,
amputiert, verkrüppelt,
unsere Großväter, unsere Väter.

Der Kaiser hat abgedankt,
Gott ist tot,
das Vaterland verdorben.
Jetzt schicken sie unsere Kinder
für ihre Interessen »ins Feld«,
auf ihr Feld der Schande.

Die Tränen der Krokodile

Wer jemals wieder ein Gewehr,
dem soll die Hand verdorren.
Erinnert Euch! Ihr wisst es noch?

Doch gab es einen Gott,
der Eisen wachsen ließ,
und Ideologen, Profiteure.
Die Augen rechts! Die Augen geradeaus!
Und Waffenfabrikanten, Ölmagnaten.
Präsentiert das …!

So geht's im Gleichschritt an die Front
nach Osten wie nach Westen,
mal robben sie, mal stehn sie still,
mal sitzen sie am Monitor
und spielen Scheibenschießen.

Marsch, marsch, ihr Jungs und Mädels!
Die Gräber sind schon vorbereitet,
die Trauerfeiern mit den Trommeln,
den Trompeten und den Trauerreden.
Und soll – verflucht – die Hand verdorren!

Mitleidlos

(Ukraine 2014)

Ich bin wütend,
von Tag zu Tag werde ich wütender.
»Die Menschen gewöhnen sich an alles«,
steht in der Zeitung,
»auch an Krieg.«
Was für Schmierfinken!
Charakterlos und ohne Mitleid,
nennt sich Schweinejournalismus.
Wirklich, ich lebe in finsteren Zeiten!

Es wird wieder Krieg geben,
es gibt immer Krieg,
bei uns oder woanders.
Die Verursacher reiben sich die Hände,
fünf Milliarden Dollar für den Regime Change,
sie feixen und profitieren.

»Tausend Aufständische getötet«,
meldet das Fernsehen,
wir sehen brennende Häuser.
Ja, Aufständische dürfen getötet werden
von anderen Aufständischen,
die mit denen, die sich die Hände reiben,
Geschäfte machen
und ihr Land verkaufen.

Arglistige Belagerung

Unsere Demokratie ist
ihre Demokratie.
Unsere Freiheit ist
ihre Freiheit.
Unser Wohlstand ist
ihr Wohlstand.
Unsere Behörden sind
ihre Behörden.

Abgesichert auf Lebenszeit
führen sie je nach Opportunität
ihr Luxusleben
auf Kosten anderer
im Focus der Medien.
Verantwortlich
weder Tod noch Teufel,
nur ihren Gönnern.

Amtsträger

Der Eid sei heilig:
Nutzen mehren,
Schaden abwenden,
Gesetze verteidigen,
Gerechtigkeit üben …

Doch sie lügen und betrügen
auf Teufel komm raus.
Gewissen?
Verloren gegangen.
Anstand?
Nicht vorhanden.
Moral?
Nicht gefragt.
Korruption?
Nicht nachweisbar.

Aber der Amtseid?
Aber der Amtseid
gilt nicht:
Nur ein unmaßgebliches
politisches Versprechen,
sagen die Verantwortlichen.
Nicht justiziabel
das alles.

Serbien 1999/2014

Jemand erzählt, wie schwer es ist
Entscheidungen zu treffen,
an denen Menschenleben hängen.
Ein Politiker, der sich saniert hat,
er schickte Soldaten in den Krieg.

Dabei ging es um Recht und Gesetz,
nicht um persönliche Empfindungen
eines dieser Big Shots.
Nach dem Grundgesetz ist bereits
die Vorbereitung eines Angriffskrieges verboten.
Aber Bomben auf Häuser, Fabriken,
Brücken und die Rundfunkanstalt,
viele Menschen getötet,
ein Land verwüstet.

In einem dieser Eroberungslügenkriege,
getarnt als »humanitärer Einsatz«.
So schwer die Entscheidung
gegen Recht und Gesetz.

Perspektivwechsel

An die Politiker und Journalisten,
die Krieg und Neoliberalismus propagieren

Meine Damen und Herren:
Stellen Sie sich vor:
Auf einmal sind Sie bettelarm,
Sie haben Hunger und frieren,
Sie haben kein Bett und kein Dach.
Wohin sich wenden?

Krieg ist im Land;
die Häuser zerbombt,
die Felder verwüstet,
Mördersoldaten patrouillieren.

Stellen Sie sich vor:
Sie sind auf der Flucht,
Sie haben Schmerzen,
Sie hungern und frieren,
Sie sind todmüde,
und es gibt kein Erbarmen.

Putins Schuld

Bald gibt es keine Bananen mehr,
lese ich, weltweite Bedrohung
durch einen hartnäckigen Pilz
aus der Tiefe Asiens kommend.
Er befällt die Stauden
und zerstört die begehrten Früchte,
niemand könne das kontrollieren,
kein Gegengift, kein Schutz.
Natürlich ist Putin schuld –
wie auch an Waldsterben, Vogelgrippe
und an der Bankenkrise.

Teufelei

»Du willst«, sagt der Teufel,
»ich kann!«

Es gibt verschiedene Gelegenheiten
den Pakt zu schließen:
Ehe, Karriere, Kunst
oder als Politiker …

Goethes Doktor Faust studierte
Philosophie, Juristerei, Medizin
und leider – so sagt er –
auch Theologie.

Thomas Manns Adrian Leverkühn
war Wissenschaftler und Künstler.

Und der Teufel spann Stroh zu Gold.
»Du willst«, sagte er,
»ich kann!«

VI
Treibhaus

Kreativ

Erstaunlich, wo vorher nichts war,
weißes unbedeutendes Papier,
steht auf einmal etwas:
Eine Geschichte, ein Essay,
vielleicht ein anrührendes Gedicht,
geschöpft aus einer Laune,
aus Langeweile, aus Überschuss
oder beim nächsten Mal
aus Liebe zu dir.

Auf der Insel

Meine Gedichte schreibe ich
auf die Rückseite der Kassenbons
des Supermarktes. Auch hier
gibt es einen
mit vielen Regalen, sogar
einer Fleisch- und Käsetheke.

Überall Supermärkte,
ob in Alaska oder Kroatien,
auch Coca-Cola und Hamburger
und Shit und Koks.
Wir sind nicht allein,
wohin wir auch gehen.

Ich kaufe Brot, Salami,
Käse und Wein,
den Kassenbon
stecke ich mir an den Hut.

Getrieben

Noch immer
in diesem Treibhaus,
produktiv, geschäftig
vom Morgengrauen
bis zum Abendmahl,
schon zukünftig,
noch zurückgewandt.
Könnten wir nur
die Tage feiern,
furchtlos
die ungeheuerlichen
gegenwärtigen Gaben
empfangen.
Was denn sonst?

Totgeschwiegen

Politische Literatur –
gibt es die noch?
Ja, selbstverständlich,
geduldet ist alles,
gewünscht sogar und gewürdigt,
wenn es die richtige,
die vom gelenkten Mainstream
vorgegebene Tendenz hat.
Meinungsfreiheit,
Freiheit der Kunst:
Das Einvernehmen
der Multiplikatoren,
die propagieren
was genehm ist
und ins Raster passt.
Das andere wird madig gemacht
oder überhaupt totgeschwiegen,
begraben, nach Jahrzehnten
vielleicht wieder exhumiert.
Zum Beweis der
Antizipation in der Kunst
und gesellschaftlicher Liberalität:
Seht nur! Auch das
wurde schon damals
gedacht und geschrieben.

Raubgesindel

Wohin wir auch gehen,
Krieg liegt in der Luft,
Übervorteilung und Hetze.
»Sie schicken ihre Schiffe
in alle Welt, um für ihre Ziele
Kriege zu führen«, sagte
schon James Fenimore Cooper,
nannte sie Heuschrecken.
Sie hassten ihn dafür,
errichteten einen Scheiterhaufen
in Cooperstown, seiner Heimatstadt,
gegründet von seinem Vater,
verbrannten seine Bücher,
Biedermänner und »Patrioten«.
Nicht mehr nötig heute,
unsere Bücher zu verbrennen,
man ignoriert sie.

Obama und Grass

Heute bin ich ausgeschlafen,
die Kirchturmuhr schlägt neun Mal,
habe wieder heftig geträumt,
diesmal von Obama
und Günter Grass.

Mir waren Manuskriptblätter
heruntergefallen und sie
halfen mir beim Aufsammeln.
Ein Zeichen für Überheblichkeit?

Wir unterhielten uns zwanglos,
und ganz vorsichtig kritisierte ich
die US-amerikanische Politik:
Guantanamo, CIA, Kriegseinsätze …

Obama war sehr zurückhaltend,
aber Grass und du gabt mir recht.

(2011)

Einsicht

Die Weisheit des Lebens
bestehe im Ausschalten
des Unwesentlichen,
sagte der chinesische
Gelehrte Lin Yü-t'ang.
Was aber ist unwesentlich?

Szene

Triebhaft beschriebene Blätter
treiben vorbei
im Strom der Gegenwart,
angetrieben vom Dabeiseinwollen
in dieser trüben Brühe
Richtung reich und berühmt,
die irgendwo versickert.

Wer treibt wen und wohin?
Wer betreibt den Kramladen
der Eitelkeit,
der Möchtegerne?

Poetry Center

Hier versammeln sich die Dichter,
so viele Dichter.
Sie trinken
den trockenen Wein des Vergessens,
schon mittags beginnen sie
zu disputieren,
selten schreiben sie ein Gedicht,
natürlich nobelpreisverdächtig.
Dann trinken sie wieder
bis in die Nacht hinein,
erzählen sich gegenseitig
vom wirklichen Leben
und von ihrer Dichtkunst.
Dann sind sie ganz begeistert
von sich.

Kunst für alle

Jeder kann dichten,
jeder kann schreiben,
jeder kann malen,
jeder kann schwätzen,
jeder ein Künstler.
Manchmal reicht schon
ein buntes Halstuch.
Beim Singen fällt es
noch am ehesten auf,
wenn man es nicht kann.

An den Dichter

Du musst nicht nervös werden,
verehrter Meister,
wenn jemand auf die Uhr schaut
nach zwei Stunden.
Aber wenn er die Uhr ans Ohr hält,
ist es Zeit für dich,
die Bühne zu verlassen.

VII
Nördlich

Menetekel

Die Wand bricht ein,
reißt auf der Himmel,
in Wellen krümmt
sich die Straße,
auf uns herab kommt
die Zimmerdecke.
Ach, könnten wir doch
ins Fernsehen schauen,
erfahren, was los ist.

Zwangsweise

Jederzeit erreichbar: das ist Pflicht,
mobil sein, clever, es geht
immer um den Vorteil und
der Zweck heiligt die Mittel.
So ist Reality.

Frauen müssen schön sein,
schlank wie ein Model,
Wimpernklimpern und Engelslocken;
sie müssen große Brüste haben,
sich die Beine rasieren, die Scham
für den Meistbietenden.

Der muss wohlsituiert sein,
attraktiv, ein Adonis, gut im Bett
was immer man darunter versteht,
oder wenigstens reich,
bereit, den schönen Schein
zu ersteigern.

Wochenende

Die einen
in ihren Autos.
Die anderen
vor dem Fernseher.
So bleibt
noch etwas Platz
für uns.

Vom Leben

Was hattest du erwartet?
Gesundheit, Erfolg, Reichtum?
Vielleicht Zuneigung oder sogar Liebe?
Das hattest du dir so gedacht
oder wenigstens erhofft.

Aber die Wege führen ins Unbestimmte,
manche direkt ins Unglück,
pass auf was du sagst, was du tust,
achte auf die Windrose.

Du musst dich arrangieren,
lerne es beizeiten!
Wer mit dem Strom schwimmt
spart seine Kräfte.

Dennoch hast du es nicht in der Hand:
Denk an Hiroshima, an Auschwitz,
denk an Tschernobyl, an Fukushima;
manchmal bebt die Erde
oder es schlagen Raketen ein,
womöglich Meteoriten aus dem fernen Blau,
groß wie ein Fußballfeld.

Mag sein, du hast ein bisschen Glück
und die Freude kehrt ein
für Stunden, für Tage, für Monate,
niemals für immer.

Denn so ist das Leben,
schau nur genau hin:
Die Gesetzgeber morden,
die Polizei ist kriminell,
die Beamen sind korrupt,
die Richter lügen.

Du weißt gar nichts,
du lebst auf dünner Scholle,
die Menschen sind wie ein Wind.
Was hattest du denn erwartet?

Haarlem

Auf dem Weg
nach Zandvoort am Meer,
der Zug hält und
wir unterbrechen
zum Kaffee in Haarlem,
Holland, nicht New York.
In der Bahnhofsgaststätte
alles in Mahagoni,
gediegen wie damals,
als sie aufbrachen
ins »gelobte Land«,
wir nur zum Strand.

Völkerkunde

Die ganze Welt
ein blühender Paradiesgarten
auf allen Kontinenten,
jedenfalls im Prinzip.
Hier wurde gesät und geerntet,
gesungen und getanzt,
gespielt und gelacht,
später sagte man:
Freiheit, Gleichheit, Mitmenschlichkeit.

Die ganze Welt
ein stinkender Misthaufen
durch alle Jahrhunderte,
jedenfalls in der Realität.
Krieg und Vertreibung,
Piraterie, Sklaverei, Vergewaltigung,
Unterdrückung und Ausbeutung.
Jeder sich selbst der Nächste,
einer der Feind des andern.

Es wird wieder Krieg geben,
so heißt es,
irgendwo oder bei uns.

Unvertraut

Wir denken nicht an den Tod,
jung-dynamisch vermessen wir die Welt
mit ellenlangen Schritten,
alles ist möglich, nichts unmöglich,
wir schauen, staunen, analysieren,
wir haben satt zu essen.

Die Hungernden scheren uns nicht,
wir meiden die Leidenden
(haben selbst genug gelitten),
mutig regeln wir unsere Probleme,
fürchten uns nicht.

Wir glauben an die Liebe,
an ein selbstbestimmtes Leben,
manchmal glauben wir an Engel,
hin und wieder an den Teufel.

So durchschreiten wir die geschenkte Erde,
die blühenden Felder, verweilen
in der Ordnung der Dörfer und Städte.

Wir glauben an uns, sind vorsichtig,
haben nicht zu klagen,
wir glauben an die Humanität,
an Recht und Barmherzigkeit.

Werden die Schatten länger und
trifft unvermittelt uns das Grauen
in den zerschossenen Städten,
den Orten der Grausamkeit und des Hasses
auf der geschändeten Erde,
lodert das furchtbare Höllenfeuer.

Und wenn uns die Angst begegnet,
die Schritte kürzer werden, die Kreise enger,
dunkler die Tage in dunkler Zeit,
denken wir bisweilen an den Tod.

Zeitlich

So, das war's,
fast schon vorbei.
Ein paar Jahre noch,
dann ist die Hülle vergangen,
hinüber der Spiritus.
Wohin?
Das kannst auch du
mir nicht verraten,
obwohl du es meinst.

Styx

Dort wartet der Fährmann,
Charon geheißen,
am giftigen Wasser,
er wartet auf uns.
Den Obolus unter der Zunge
zu bezahlen die Überfahrt,
werden wir den Kahn besteigen,
eines Tages auf dem Weg
in den Hades.
Am Ufer stehen seit Langem
Achilleus, Hektor und
der große Alexander.
Im Streit ist ihnen
das Fährgeld abhanden gekommen.

Fundamental

Öffnet sich der Kosmos
in die unendliche Unendlichkeit,
in die Aufhebung der Polarität,
die Einheit aller Gegensätze.

Aber immer noch
ein alter weißbärtiger Mann,
sein Thron in einem Paradiesgarten
dort oben auf einer schönen Wolke.

Predigen sie von Liebe
und führen ihre Kriege,
verdammen sie die Heiden
in eine Hölle, tief unten.

Wo das Feuer brennt
und der schreckliche Teufel
mit unsäglichen Qualen
auf gerade diese Gläubigen wartet.

Fatum

So die Sage:
Audhumbla*, die Milchreiche,
die mich dort im Norden
aus dem Eis leckte,
sagte: »Ich bin die Mutter,
ich ernähre dich und deine Kinder.
Sei du der Vater,
vermehre dich und sei menschlich.
Das ist dein Geschick.«

Ich ging auf die Jagd,
ich bestellte den Acker,
ich fand eine Gefährtin
und lebte glücklich.
Doch ich hinterließ drei Nachkommen:
Die Freude, den Frieden
und den Krieg.

* *Audhumbla, die Urkuh in der nordischen Mythologie.*

Absage

Aus Niflheim* kam ich,
wo es neblig ist,
lange Winter, kurze Sommer,
wo sich Eis und Feuer treffen
und ein Volk lebt,
weder tot noch lebendig.
Dort war ich lange zu Gast,
naiv und dem Aberglauben verpflichtet.

Dann kam ich,
ein Suchender, frohen Mutes
unter die Irdischen.
Ich war bald enttäuscht,
fand wenige nur, die lebten.
So ging ich,
ein Suchender, schweren Mutes
in die tiefen Wälder des Nordens,
versuchte meine Spuren zu tilgen,
um der Heimsuchung zu entgehen.

* *Niflheim, die »Urheimat«, nach der nordischen Mythologie.*

Bleib bei dir!

Lass dich nicht kaufen, warte nicht auf den Gewinn,
denke nicht an eine Karriere, du würdest dich nicht
wiedererkennen, lass dich nicht verbiegen.
Lebe dein Leben,
verschieb es nicht auf morgen, morgen ist es nicht besser
und gestern war es nicht besser, halte dich offen, spiele,
gehe hin und wieder in den Wald, sei nicht enttäuscht,
es ist wie es ist.
Lass dich nicht benutzen, lass dich nicht zum Narren
halten, sie lügen dir ins Gesicht und erwarten deinen
Dank, sie predigen Aberglaube, sie treiben Götzendienst.
Atme tief, atme in Frieden.
Du triffst auf Missgunst, du triffst auf Gehirnzwerge,
du musst sie ignorieren, aber verachte niemanden,
schlage niemanden, drohe keinem, versuche zu verstehen,
engagier dich, aber lass dich nicht vereinnahmen,
missachte das Scheitern.
Lass dich nicht verwirren, es geht um Inhalte, nicht um
Personen, informiere dich anderweitig, höre zu, denk
auch vom andern her, traue dir, begreife das Unsagbare,
versuche morgens zu lächeln.
Genieße die Schönheit, sei ehrlich, sei hilfreich,
freue dich, sei ein humanes Wesen, aber schlage ihnen
ein Schnippchen, spiele ihnen einen Streich.
Schwimme nicht mit dem Schwarm, er führt dich ins
Netz. Lies Gedichte, bleibe empfindsam, hilf dir selbst,
lebe zeitlos, meditiere die Unendlichkeit.
Vertraue nicht auf deine Kinder, warte nicht auf deine
Enkel, es geht um Erkenntnis, es geht um Liebe, lass
dich nicht kaufen, sei Mensch, bleib bei dir.

INHALT

I Südlich

Zikaden · 9
Südlich von mir · 10
Pharos · 11
Schemenhaft · 12
Sokrates · 13
Südlich das Meer · 14
Hermäon · 15
Lob der Kaper · 16
Kafenio · 17
Meer · 18
Wesenheiten · 19
Marillen · 20

II Dortzulande

Invasion · 23
Hully Gully · 24
Helios · 25
Rosenkranz · 26
Insel der Sonne · 27
Rhodos · 28
Rattenrennen · 30
Unterirdisch · 31
Dortzulande · 32

III Gesang im Sommer

Sommerfarben · 35
Sonntagmorgen · 36
Nach dem Frühstück · 37
Gesang im Sommer · 38
Einwand · 39
Fliegen üben · 40

Ahornbaum · 41
Heidebild · 42
Heimelig · 43
Wohin sie fahren · 44
Nachgetragen · 45
Die Mädchen tanzen · 46

IV Nebelmond

Janus · 49
Unbehaust · 50
Vorfrühling · 51
Solange es geht · 52
Gute Taten · 53
Relativ · 54
Aus dem Koffer · 55
Zweitausendvierzehn · 56
Gewissheit · 57
Im Garten · 58
Anders · 59
Lethargisch · 60
Nebelmond · 61
Herbstlich · 62
Aufbruch · 63

V Nie wieder

Schierling · 67
Waldweg · 68
Flüchtlinge · 69
Früher schon · 70
Nie wieder · 71
Szenenwechsel · 72
Kriegsbericht · 73
Im Felde · 74
Die Tränen der Krokodile · 75
Mitleidlos · 76
Arglistige Belagerung · 77

Amtsträger · 78
Serbien 1999/2014 · 79
Perspektivwechsel · 80
Putins Schuld · 81
Teufelei · 82

VI Treibhaus

Kreativ · 85
Auf der Insel · 86
Getrieben · 87
Totgeschwiegen · 88
Raubgesindel · 89
Obama und Grass · 90
Einsicht · 91
Szene · 92
Poetry Center · 93
Kunst für alle · 94
An den Dichter · 95

VII Nördlich

Menetekel · 99
Zwangsweise · 100
Wochenende · 101
Vom Leben · 102
Haarlem · 104
Völkerkunde · 105
Unvertraut · 106
Zeitlich · 108
Styx · 109
Fundamental · 110
Fatum · 111
Absage · 112
Bleib bei dir! · 113